BEI GRIN MACHT SICH IHR WISSEN BEZAHLT

- Wir veröffentlichen Ihre Hausarbeit, Bachelor- und Masterarbeit

- Ihr eigenes eBook und Buch - weltweit in allen wichtigen Shops

- Verdienen Sie an jedem Verkauf

Jetzt bei www.GRIN.com hochladen und kostenlos publizieren

Fabian Grieger

Aus der Reihe: e-fellows.net stipendiaten-wissen

e-fellows.net (Hrsg.)

Band 887

Das Grundeinkommenskonzept am Beispiel von Goetz Werner

GRIN Verlag

Bibliografische Information der Deutschen Nationalbibliothek:

Die Deutsche Bibliothek verzeichnet diese Publikation in der Deutschen National-
bibliografie; detaillierte bibliografische Daten sind im Internet über http://dnb.d-
nb.de/ abrufbar.

Impressum:

Copyright © 2012 GRIN Verlag GmbH
Druck und Bindung: Books on Demand GmbH, Norderstedt Germany
ISBN: 978-3-656-58862-7

Dieses Buch bei GRIN:

http://www.grin.com/de/e-book/268103/das-grundeinkommenskonzept-am-beispiel-
von-goetz-werner

Neues Gymnasium Bochum
- Europaschule in NRW -
Markstraße 193
44799 Bochum

Das Grundeinkommenskonzept am Beispiel von Götz Werner

vorgelegt im Fach	*Sozialwissenschaften*
von	*Fabian Grieger*
im Schuljahr 2011/2012	
Abgabetermin	*19.03.2012*

Inhaltsverzeichnis

1. Einleitung

Kaum ein Thema aus dem Bereich der Sozialpolitik scheint in Deutschland so zu pola-
risieren wie die Idee eines Grundeinkommens. Befürworter eines solchen Grundeinkommens finden sich in beinahe allen politischen Spektren. So finden sich erste Forderungen nach einem Grundeinkommen bereits in den Schriften von Thomas Paine
(1736-1809), einer der Gründerväter der USA, aber auch der Philosoph John Stuart
Mill (1806-1873) oder der Soziologe Erich Fromm (1900-1980) beschäftigten sich bereits mit jener neuartigen Idee. Doch auch der Ökonom Milton Friedman (1912-2006)
entwickelte mit der „negativen Einkommenssteuer" ein Modell des Grundeinkommens.
Heute ist das Grundeinkommen wichtiger Gegenstand der politischen Debatte in
Deutschland. Neben den Auseinandersetzungen in außerparlamentarischen Organisa-
tionen wie Attac oder in Gewerkschaften wie Ver.di erhält das Streitthema Grundeinkommen auch immer mehr Einzug in die innerparteilichen Debatten der Parteien in
Deutschland. So hat die Piratenpartei ein bedingungsloses Grundeinkommen bereits
zu einer ihrer zentralen Forderungen erhoben, doch auch in den aktuell im Bundestag
vertretenen Parteien ist die Diskussion über ein solches System in vollem Gange. Die
CDU hat eine Sonderkommission zur Entwicklung und Prüfung eines „Solidarischen
Bürgergeldes" eingeleitet, in der FDP wurde ein „liberales Bürgergeld" entworfen, auf
einem Parteitag der Grünen im November 2007 wurde die Aufnahme einer Forderung
nach einem bedingungslosen Grundeinkommen in das Parteiprogramm mit knapper
Mehrheit abgelehnt und in der Linken tobt eine heftige Debatte über ein solches Konzept.
Heute existieren also viele unterschiedliche Grundeinkommenskonzepte. Der DM-
Gründer Götz Werner entwickelte eines dieser Modelle und polarisierte mit seinen Forderungen die öffentliche Debatte in Deutschland. Der Vorschlag von Götz Werner
machte mich neugierig und erschien mir dazu geeignet das Grundeinkommen in einer
Facharbeit zu untersuchen. Die ebenso faszinierende wie umstrittene Idee eines
Grundeinkommens hinterließ viele offene Fragen. Was genau ist ein solches Grundeinkommen? Wie kann es funktionieren? Was würde es verändern? So soll das Ziel
dieser Arbeit sein, diese grundsätzlichen Fragen zu untersuchen und einen kleinen
Überblick über eventuelle Vorzüge und Nachteile eines solchen Modells zu erarbeiten.

2. Sozialer Wandel und sozio-ökonomischer Hintergrund in Deutschland

Um die Hintergründe und Bedingungen zu verstehen, die zu einer Idee eines Grundeinkommens als Problemlösung führen, ist es wichtig, erst einmal den sozio-

ökonomischen Hintergrund Deutschlands und den sozialen Wandel der letzten Jahre darzustellen. Hierzu sollten zunächst zwei Begriffe geklärt werden, die im Folgenden wichtig sind. Erst einmal wäre dort der Begriff der Armut. Für den Begriff Armut finden sich viele unterschiedliche Definitionen und Interpretationen dieses Begriffs. Der Brockhaus definiert Armut als „eine Lebenslage, in der es Einzelnen oder ganzen Bevölkerungsgruppen nicht möglich ist, sich ihren Lebensbedarf (Existenzminimum) aus eigenen Kräften zu beschaffen."[1]In reicheren Gesellschaften ist heute vor allem die relative Armut relevant. Gemäß den EU-Richtlinien gelten diejenigen als relativ arm, deren Einkommen unter 60% des Medians des jeweiligen Landes liegt. Ein zweiter Begriff von Bedeutung ist der Begriff der Arbeit. Für Arbeit liefert der Brockhaus folgende Definition: „bewusstes, zielgerichtetes Handeln des Menschen zum Zweck der Existenzsicherung wie der Befriedigung von Einzelbedürfnissen; zugleich wesentlicher Moment der Daseinserfüllung"[2]. Im Weiteren sollte dieser Begriff allerdings noch einmal enger definiert werden. Im gesellschaftlichen Kontext meint Arbeit „all die Tätigkeiten, die gesellschaftlich wichtig oder notwendig sind, die getan werden müssen, damit eine Gesellschaft funktionieren kann"[3]. Wichtig ist also, dass der Begriff der Arbeit weit über den Begriff der Erwerbsarbeit hinausgeht, also auch freiwillige Arbeit, Hausarbeit oder auch sonstige zum Beispiel künstlerische Tätigkeiten umfasst.

2.1 Arbeitsmarktentwicklung

Der Arbeitsmarkt in Deutschland hat sich in den letzten Jahrzehnten grundsätzlich verändert. Neben eines andauernden Anstiegs des Sockels der Arbeitslosigkeit lässt sich auch eine deutliche Veränderung der angebotenen Erwerbsarbeit beobachten. Besonders die Zunahme von prekärer Beschäftigung[4] muss hier erwähnt werden. Die Normalarbeitsverhältnisse nehmen ab, der Niedriglohnsektor und der Leiharbeitssektor wachsen ständig. Zur Zeit arbeitet in Westdeutschland bereits jeder fünfte Beschäftigte für weniger als 9,62€ die Stunde, im Osten sind es sogar 7,18€, davon haben 70% eine abgeschlossene Berufsausbildung, weitere 9% verfügen gar über einen akademischen Abschluss.[5] Und auch die Zahl der Leiharbeiter hat sich im vergangenen Jahrzehnt verdreifacht. Rund 910.000 Deutsche sind in der Leiharbeitsbranche beschäf-

---

[1] Brockhaus, 1997

[2] Brockhaus, 1997

[3] Rätz, Paternoga, Steinbach, 2005, S.35

[4] Für den Begriff „prekäre Beschäftigung" existiert keine einheitliche Definition, ferner beschreibt er niedrig bezahlte Arbeiten, die dem Arbeitnehmer keine dauerhafte Sicherheit garantieren, dazu gehören Kurzarbeit, Zeitarbeit, Befristung, Teilzeitarbeit und Minijobs

[5] Werner, Goehler, 2011, S.133

tigt[6], davon muss jeder zwölfte Erwerbstätige mit ALG II aufstocken[7], um sich einen Lebensunterhalt zu sichern. Gerade einmal 7% der Leiharbeiter werden in ein unbefristetes Beschäftigungsverhältnis übernommen.[8] Dieses Phänomen lässt sich nicht nur bei Leiharbeitern beobachten. Insgesamt mussten in Deutschland 2009 1,3 Mio. Arbeitnehmer mit ALG II aufstocken.[9]

2.2 Zukunft der Sozialsysteme

Die deutschen Sozialsysteme wurden bereits unter Bismark entworfen und sollen die soziale Sicherheit jedes Bürgers sicherstellen. Im Allgemeinen zählen dazu die Renten- und Pflege-, die Kranken- und die Arbeitslosenversicherung. Sie alle funktionieren nach dem Solidaritätsprinzip; alle Erwerbstätigen in Deutschland zahlen gemäß ihres Einkommens einen Beitrag, der zur Hälfte vom Arbeitgeber übernommen wird. Aus diesem Sachverhalt ergibt sich eine Abhängigkeit der Sozialsysteme von der Erwerbsarbeit, nur wenn genug Menschen mit ausreichendem Einkommen arbeiten, funktionieren diese Systeme. Die eben dargestellte Veränderung des Arbeitsmarktes hat die Sozialversicherungen und die damit verbundene soziale Sicherheit also vor ein existenzielles Problem gestellt. Eine weitere Verschärfung des Problems stellt der demographische Wandel dar, besonders für die Rentenversicherung. Einerseits werden immer weniger Kinder geboren, andererseits werden die Menschen immer älter. So stieg die durchschnittliche Lebenserwartung seit 1950 um zehn Jahre, bis 2050 wird ein weiterer Anstieg um acht Jahre erwartet. Daraus ergibt sich, dass 1960 die Beschäftigten durchschnittlich noch zehn Jahre Rente bezogen, heute sind es bereits 17.[10] Auch private Rentenversicherungen konnten dieses Problem nicht lösen, diese müssten noch zusätzlich vom Einkommen finanziert werden und stehen durch mangelnde und prekäre Beschäftigung vor ähnlichen Problemen. Unter all diesen Umständen und auch dem kaum existenzsichernden ALG II ist das Armutsrisiko in Deutschland in den letzten Jahrzehnten stark gestiegen. Aus diesen Gründen haben die derzeitigen Sozialsysteme wohl keine Zukunft.

2.3 Situation der Arbeit in Deutschland

Wie schon erläutert, ist Arbeit ein vielseitiger Begriff, die unbezahlte Arbeit in Deutschland lag mit 96 Mrd. Stunden sogar vor der bezahlten Arbeit mit 56 Mrd. Std. [11] Trotz-

---

[6] Bundesagentur für Arbeit, Mitte 2011, aus IG Metall „Arbeit auf Abwegen" , 2012, S.2

[7] Statistisches Bundesamt 2012, aus IG Metall „Arbeit auf Abwegen" , 2012, S.2

[8] IG Metall „Arbeit auf Abwegen" , 2012, Titelblatt

[9] Werner, Goehler, 2011, S.133

[10] Werner, Goehler, 2011, S.183

[11] Statistisches Bundesamt, 2001, aus Häni, Schmidt , 2008

dem bezieht sich der folgende Teil auf die ökonomisch relevantere Erwerbsarbeit. Die Unzufriedenheit unter den Beschäftigten mit ihrer Arbeit ist groß, gerade einmal 15% sind der Ansicht eine gute Arbeit zu haben. Gleichzeitig schrumpft die Arbeitsmotivation enorm. 24% der Beschäftigten erkannten 2010 in ihrer Arbeit keinen oder nur in geringem Maße Nutzen für die Gesellschaft.[12] Als Gründe dafür können unter anderem die Überproduktion angeführt werden, so werden z.b. weltweit 85 Mio. Autos gefertigt und lediglich 65 Mio. verkauft.[13] Dass die Beschäftigten ihre Arbeit trotz fehlender Motivation ausführen, liegt an dem immensen Druck, der auf dem Arbeitsmarkt herrscht. Sollte man als Erwerbsloser einen Job, unabhängig von welcher Qualität, ablehnen, wird das geringe ALG II sofort um 30% gekürzt.[14] Dieses Klima des Stresses und der Angst zieht Krankheiten, besonders psychischer Art, nach sich. So nahmen 2009 rund zwei Mio. Menschen in Deutschland Psychopharmaka und gaben als Grund die steigenden Anforderungen der Arbeitswelt an, Tendenz steigend.[15]

Zusätzlich nimmt die Erwerbsarbeit insgesamt unter dem ständigen Fortschritt ab. So konnte die USA 1982 mit 300.000 Arbeitern 75 Mio. Tonnen Stahl produzieren, 20 Jahre später waren es 100 Mio. mit gerade einmal 24.000 Arbeitern.[16] „Die Elektronifizierung ersetzt mehr menschliche Arbeitskraft, als sie neue beschäftigt."[17] Das verdeutlichen auch die Zahlen aus Deutschland: Bei gleichbleibender oder steigender Produktivität verschwinden in Deutschland jedes Jahr zehn Prozent der Arbeitsplätze, bei gleichbleibender Wirtschaftskraft reichen nach Schätzungen in Zukunft wohl lediglich 20% der Bevölkerung aus um die notwendige Arbeit zu verrichten.[18] Neben dem technischen Fortschritt sind diese Entwicklungen unserer heutigen Wirtschaftsstruktur geschuldet, das Ziel eines Unternehmens ist die Rationalisierung. Jede Investition in einen Arbeitsplatz hat zugleich das Ziel Arbeitsplätze zu verringern. Das steigert die Effizienz und somit den Gewinn.

3. Das Grundeinkommen nach Götz Werner

Der Unternehmer und Gründer der Drogeriemarktkette DM Götz Werner beschreibt die eben dargestellte Entwicklung so: „Viele Menschen haben heute keinen Arbeitsplatz, nur noch einen Einkommensplatz."[19] Um diesem Phänomen mit einer passenden sozi-

---

[12] DGB Statistik, 2010, S.9

[13] Werner, Goehler, 2011, S.142

[14] Rätz, Paternoga, Steinbach, 2005, S.11)

[15] Werner, Goehler, 2011, S.137

[16] Häni, Schmidt, 2008

[17] Rätz, Paternoga, Steinbach, 2005, S.43)

[18] Werner, Goehler, 2011, S.99

[19] Häni, Schmidt, 2008

alpolitischen Lösung gerecht zu werden, hat Werner ein eigenes Grundeinkommens-konzept entwickelt, das im Folgenden dargestellt und erläutert werden soll.

3.1 Modell und Finanzierung

Götz Werner fordert ein Grundeinkommen, das jedem Menschen in Deutschland monatlich ausgezahlt wird. Für ein Grundeinkommen legt Werner vier Bedingungen fest: „Es muss existenzsichernd sein, einen individuellen Rechtsanspruch bekunden, darf mit keiner Bedürftigkeitsprüfung einhergehen und keinem Zwang zur Arbeit."[20] Unter dieser Bedingung soll die Höhe des tatsächlichen Einkommens über gesellschaftlichen Konsens festgelegt werden. Werner spricht häufig von einem Grundeinkommen in Höhe von 1000€ , perspektivisch sei aber ein Einkommen von 1500€ anzustreben. Kinder und Jugendliche würden die Hälfte erhalten. Die Finanzierung des Grundeinkommens basiert auf drei Stützen: Bisherige steuerfinanzierte Leistungen würden im Grundeinkommen zusammengefasst, dadurch würde kostenaufwendige Bürokratie abgebaut und die Mehrwertsteuer würde angehoben werden. Werner erwägt eine Konsumsteuer, wie er eine solche Mehrwertsteuer nennt, von 100 % auf den Nettopreis. Die tatsächliche Höhe ist aber von der Höhe des Grundeinkommens, das sie finanzieren soll, abhängig. Da alle anderen Steuern abgeschafft würden, bliebe die Kaufkraft des Konsumenten erhalten. Da im heutigen „Nettopreis" bereits Einkommenssteuer etc. enthalten sind, würde sich der Bruttopreis nicht verändern. Eventuell könnten als zusätzliche Steuer lediglich eine Emissions- und Ressourcensteuer erhoben werden. Außerdem würden alle heutigen Sozialleistungen wie zum Beispiel das Bafög, das Wohn- und Kindergeld oder die Arbeitslosen- und Rentenversicherung entfallen. Die Krankenversicherung würde je nach Höhe des Grundeinkommens separat finanziert werden. „Alle über dem Transfer liegenden Sonderbedarfe bleiben anerkannt"[21] Nach Angaben von Finanzminister Wolfgang Schäuble betragen die Sozialausgaben Deutschlands bereits eine Billion, das entspräche 12.500€ pro Kopf, bei einem Grundeinkommen von 1000€ würden 12.000€ pro Kopf reichen.[22] Eine Finanzierung des Grundeinkommens wäre, wie viele Ökonomen bestätigen, kein Problem. Ein Grundeinkommen müsse allerdings schrittweise eingeführt werden. Nach Werner sollten dazu ein Grundeinkommen und die Mehrwertsteuer parallel langsam angehoben werden.

3.2 Gesellschaftliche und ökonomische Ziele

Eine Einführung des Grundeinkommens nach Werner würde weitreichende Veränderungen in Ökonomie und Gesellschaft nach sich ziehen. Vor allem der heutige Arbeits-

---

[20] Werner, Goehler, 2011, S.37 f,

[21] Blaschke, Otto, Schepers, 2010, S.347

[22] Werner, Goehler, 2010, S.50

zwang, der Stress und die Verunsicherung würden weichen, wenn eine Lebensgrundlage gesichert ist. Das Grundeinkommen würde statt dem Zwang jegliche Erwerbsarbeit anzunehmen die Freiheit schaffen „Nein" zu sagen. Das Machtgefüge auf dem Arbeitsmarkt würde sich also verändern. Unternehmen müssten attraktive Arbeitsplätze schaffen, neben der Bezahlung würden auch Faktoren wie Betriebsklima wieder an Wichtigkeit gewinnen. Unbeliebte Tätigkeiten könnten nicht mehr weiter mit Niedriglöhnen bezahlt werden. Diese müssten entweder besser bezahlt, selbst gemacht oder automatisiert werden, wie es an vielen Stellen schon der Fall ist. Es würde also ein Arbeitsmarkt entstehen, auf dem die Menschen selbst entscheiden können, welche Tätigkeit sie ausüben wollen. Ein Arbeitsmarkt mit freien Beschäftigten würde geschaffen, ein echter freier Arbeitsmarkt. Dazu gehört auch die Freiheit unbezahlte Tätigkeiten auszuüben. „Wer ständig um seine Existenz fürchten muss, kann nicht innovativ sein, nichts Neues entwickeln"[23] Die Kreativität der Menschen könnte sich nun entfalten, am Arbeitsplatz oder außerhalb der Erwerbstätigkeit. Werner beschreibt das neu entstehende Verhältnis zur Arbeit so: „Ich habe ein Einkommen um arbeiten zu gehen und nicht: „Ich gehe arbeiten um ein Einkommen zu erhalten""[24] Auch der Arbeitsbegriff könnte sich verändern. Arbeit würde fortan „im Sinne einer schöpferischen Tätigkeit, als selbstständige Gestaltung [...], Selbstverwirklichung oder der Schaffung eines Werks"[25] verstanden werden. Soziale Tätigkeiten, die zwar von der Gesellschaft benötigt werden aber nicht profitabel genug für Erwerbsarbeit sind, wären mit einem Grundeinkommen möglich. Vieles wäre möglich, was bisher unter dem Druck des Arbeitsmarktes erstickt. „Die Erfahrung zeigt, dass Menschen, wenn man ihnen vertraut, dieses Vertrauen erst mit wachsendem Selbstvertrauen und irgendwann mit Engagement und Leistung zurückzahlen"; also „belohnt ein bedingungsloses Grundeinkommen keine Leistungen sondern ermöglicht sie erst"[26] Den Menschen wäre Planungssicherheit garantiert. Viele würden vielleicht den Mut fassen, selbstständig zu werden. Generell wird die Erwerbsarbeit ihren jetzigen Stellenwert im Leben der Menschen verlieren, viele Einkommensbezieher würden nur noch Teilzeit arbeiten und stattdessen ihre Freizeit gestalten. Durch die Arbeitsteilung in der Wirtschaft könnten die Produktivität der Menschen und die Qualität der Produkte steigen. Durch die Abschaffung der Einkommensteuer wäre menschliche Arbeit außerdem wieder zu bezahlen und gegenüber der maschinellen gleichgestellt, die durch das jetzige Steuersystem zusätzlich subventioniert wird. Gleichzeitig würde Arbeitszeit nicht mehr gesellschaftlich höher geschätzt. Überhaupt könnte sich die Wertschätzung des Menschen ändern. Eine Ge-

---

[23] Wetzel, 2012

[24] Häni, Schmidt, 2008

[25] Werner, Goehler, 2011, S.115

[26] Werner, Goehler, 2011, S.70

sellschaft kann es sich nicht leisten „auf die Talente so vieler Menschen zu verzichten, indem sie diese auf ihren Marktwert reduziert"[27] Menschen könnten Erfolge auch außerhalb der Erwerbsarbeit erzielen. „Aus einer Gesellschaft von Verlierern könnte eine Gesellschaft von möglichen Gewinnern werden"[28] Außerdem wäre das Problem der Altersarmut gelöst, auch ein Einkommen im Alter wäre gesichert. Rentner wären also nicht mehr nur noch eine finanzielle Belastung für die Gesellschaft. Durch die Konsumsteuer würden alle gemeinsam allen ein Einkommen finanzieren. Heute sind in Wahrheit in Deutschland 10 Mio. Menschen ALG II berechtigt, tatsächlich gibt es lediglich 7,4 Mio. ALG II Empfänger[29], die übrigen Empfangsberechtigten lehnen aus Stolz oder Scham ab. Dieses würde sich mit einem Grundeinkommen grundsätzlich ändern. Es gäbe keine „Bedürftigen" mehr. Die Gleichheit in der Gesellschaft würde erheblich zunehmen.

4. Kritik am Grundeinkommen im Bezug auf Götz Werner

Wie bereits erwähnt ist das Grundeinkommenskonzept von Werner höchst umstritten. Im Folgenden sollen drei unterschiedliche Ansätze der Kritik dargestellt werden. Dabei werden in den Zitaten oft die Begriffe „Bedingungsloses Grundeinkommen (BGE)" oder „Bürgergeld" verwendet. Sie stehen im Kontext allerdings repräsentativ für ein Grundeinkommen, welches auch auf das Modell Werners bezogen werden kann.

4.1 Kritik von Eckhard Stratmann-Mertens (Attac)

Eckhard Stratmann-Mertens sieht die Idee eines Grundeinkommens vor allem im Konflikt mit der notwendigen Begrenzung des wirtschaftlichen Wachstums im Sinne einer nachhaltigen Politik. Dabei benennt er zwei Hauptgründe für diesen Standpunkt. Zum einen würde, bedingt durch die Umverteilung finanzieller Mittel und der damit verbundenen Verlagerung in den Konsum, ein Grundeinkommen von 1000 €, wie es auch Werner propagiert, eine konjunkturfördernde Wirkung nach sich ziehen. Zum anderen basiert die Finanzierbarkeit eines solchen Systems auf einem enormen Wachstumsschub. Als zweites prognostiziert Stratmann-Mertens eine starke Zunahme der Migration in Länder, in denen ein hohes Grundeinkommen gezahlt wird. Diese würde nicht nur das Migrationsproblem noch weiter verschärfen, sondern auch die Wirtschaft dieser Länder und so auch den eben benannten Wachstumseffekt weiter fördern. „Selbst wenn im Rahmen globaler Gerechtigkeit und globaler Umverteilung in den Ländern des Südens ein wesentlich höheres Grundeinkommen gezahlt würde, würde es dennoch zu

---

[27] Werner, Goehler, 2011, S.15
[28] Werner, Goehler, 2011, S.151
[29] Werner, Goehler, 2011, S.42

massenhafter Zuwanderung in eine Grundeinkommensgesellschaft kommen, die ein 1000€-BGE bietet."[30] Daraus schlussfolgert Stratmann-Mertens: „Die Zahlung eines BGE in der propagierten Größenordnung von 1000 € an alle im Land lebenden Menschen, unabhängig von Aufenthaltsstatus und Nationalität [...] hätte enorme und fatale Auswirkungen auf Ökonomie und Ökologie"[31] Diese Auswirkungen könnten nur teilweise durch Ressourcen- und Verbrauchsabgaben egalisiert werden. Generell betrachtet Stratmann-Mertens ein Grundeinkommen in der Funktion einer Existenzsicherung in ärmeren Ländern als durchaus sinnvoll. Sobald dieses allerdings im reicheren Norden als Konjunkturpaket wirken würde, wäre eine weitere Verschärfung der globalen Ungerechtigkeit zwischen reichen und armen Ländern, die ein niedrigeres BGE haben, die Folge. Ein Grundeinkommen „widerspricht damit den Zielen einer Nachhaltigen Entwicklung" und „der globalen Forderung nach sozialer und ökologischer Gerechtigkeit"[32] und wäre somit in der Form, wie es auch von Werner vertreten wird, derzeit in Deutschland abzulehnen.

4.2 Kritik von Ralf Krämer (Die Linke)

Ralf Krämer fühlt sich von einem Grundeinkommen an neoliberale Bürgergeldkonzepte erinnert, die sich gegen Mindestlöhne, Tarifverträge, Mitbestimmung und den Sozialstaat wenden. Ein Grundeinkommen würde die soziale Ungerechtigkeit in Deutschland noch verschärfen. Krämer kritisiert, dass ein Grundeinkommen auch an Menschen ausbezahlt würde, die staatlich finanzierter Leistungen nicht bedürfen. Außerdem befürchtet Krämer eine Verschlechterung der Erwerbsarbeit in Deutschland. Jeder Verdienst wäre nun ein Zuverdienst zum garantierten Einkommen, so wären die Menschen „dann nicht weniger, sondern noch viel mehr als heute bereit [...] für einen minimalen Lohn und unter prekären Bedingungen zu arbeiten."[33] Die Unternehmen würden die Einkommenssubventionierung des Staates nutzen und niedrigere Löhne zahlen. Nach Krämer würde die Zerstörung von gut bezahlten Arbeitsplätzen durch Forderungen wie die Werners vorangetrieben. Die Schere in der Einkommensverteilung würde also noch weiter steigen. Gleichzeitig würde die höhere Besteuerung, zum Beispiel durch eine hohe Konsumsteuer, die Menschen zusätzlich belasten. Auch die von Werner geforderte Entkoppelung von Sozialleistungen und Erwerbsarbeit kritisiert Krämer scharf. Da im ökonomischen Sinne lediglich die Erwerbsarbeit wertschöpfend sei, sollte diese gestärkt werden, statt die Gleichstellung verschiedener Formen der Arbeit anzustreben.

---

[30] Stratmann-Mertens, 2011, S.4

[31] Stratmann-Mertens, 2011, S.4

[32] Stratmann-Mertens, 2011, S.7

[33] Krämer, 2010, S.3

4.3 Kritik von Norbert Blüm (CDU)

Der ehemalige Bundesarbeitminister Norbert Blüm befürchtet mit der Einführung eines Grundeinkommens das Aushebeln der sozialen Marktwirtschaft. Das herrschende Prinzip der Gegenseitigkeit würde ausgesetzt. Dem Prinzip der Sozialversicherungen, das zustehende Leistungen je nach Beitragszeit und Einkommenshöhe errechnet, würde ein System folgen, das Leistungszahlungen von der Gegenleistung trennt. „Die Entkoppelung von Erwerbsarbeit und Sozialleistungen nimmt aus dem Sozialstaat den Anreiz zur Leistung"[34]. Die Motivation zur Arbeit würde also fehlen. Im Gegensatz zur von Werner erhofften größeren Selbstbestimmung sieht Blüm den Grundsatz: „Wer Arbeit und Einkommen trennt, erhöht die Fremdbestimmung und vergrößert die Abhängigkeit vom Geldgeber Staat".[35] Ähnlich wie Krämer vermutet Blüm, dass die staatliche Einkommenssubventionierung durch ein Grundeinkommen Niedriglöhne in der Erwerbsarbeit nach sich ziehen würde. Außerdem würde dem gerechten Sozialstaatsprinzip eine Blüte der Privatversicherungen folgen, befürchtet Blüm.

5. Schlussbetrachtung – Warum ein Grundeinkommen nach Götz Werner ein System mit Zukunft ist

Nachdem ich mich intensiv mit der Diskussion um ein Grundeinkommen beschäftigt habe, soll nun in der Schlussbetrachtung meine während der Ausarbeitung der Facharbeit entwickelte Position dargestellt werden.

5.1 Sozialpolitische Aspekte

Ein Grundeinkommen würde den heutigen Sozialversicherungen eine große Aufgabe abnehmen. Wesentlich effektiver und zukunftsfähiger würde es alle Menschen absichern und Armut würde so gut wie verschwinden. Neben der Armut der Arbeitslosen würde auch auf dem Arbeitsmarkt viel mehr Fairness herrschen. Es würde viel mehr nach Leistung bezahlt, gerade in unattraktiven Beschäftigungsverhältnissen müssten die Angestellten ihrer Leistung entsprechend entlohnt werden. Gleichzeitig wäre das durch den demographischen Wandel bedingte Problem der Altersarmut erst einmal gelöst. Sozialversicherungen wären so erst einmal nicht mehr nötig, ein Grundeinkommen versichert alle ohne Unterschied. Allerdings sollte Werner noch ein konkretes Konzept zur Handhabung der Krankenversicherung vorlegen, welche wohl als einzige Versicherung weiter Bestand haben müsste. Dabei ist das von Blüm bemängelte Problem des starken Zulaufs zu Privatversicherungen wohl keines, das als Folge eines

---

[34] Blüm, 2007, S.1

[35] Blüm, 2007, S.1

Grundeinkommens betrachtet werden sollte. In jeder Gesellschaft, in der es Reiche gibt, verschaffen sich diese Privilegien. Hier setzt ein weiterer Kritikpunkt an Werners Vorschlag an: Die Ausbezahlung eines allgemein finanzierten Grundeinkommens auch an Wohlhabende. Zwar lässt sich naturrechtlich durch die Gleichheit aller Menschen – ein Einkommen von allen für alle – rechtfertigen, trotzdem sollte hier nachgebessert werden. Zum Beispiel könnte eine gestaffelte Einkommenssteuer ab einem bestimmten hohen Einkommen wirksam sein. Trotzdem sollte nicht vergessen werden, dass auch durch die Konsumsteuer die mehr konsumierenden Reichen auch stärker belastet werden. Die Nichtberücksichtigung der enormen aktuellen Ungleichverteilung der Einkommen und des Finanzkapitals bei Werner könnte auch durch eine zusätzliche Finanztransaktionssteuer gemindert werden. Generell gilt für ein Grundeinkommen, dass es so hoch sein sollte, dass alle hier aufgeführten Vorteile realisiert werden können. Ein niedriges Grundeinkommen hätte eine gegenteilige Wirkung. Die Finanzierung eines hohen Grundeinkommens sollte kein Problem darstellen. So wurden zum Beispiel 2009 in Deutschland 54,4 Milliarden Euro an Subventionen bezahlt, das wären pro Kopf 850 Euro im Monat.[36] Das Geld für ein Grundeinkommen wäre also vorhanden. Die Frage ist , wie dieses eingesetzt und umverteilt wird.

5.2 Gesellschaftliche und individuelle Aspekte

Als ersten und vielleicht wichtigsten Punkt sollte genannt werden, dass der Mensch in einer Grundeinkommensgesellschaft ein großes Maß an Freiheit dazu gewonnen hätte. Der Mensch wäre frei von vielen Ängsten. Frei von Angst vor Armut, frei von jenem Leistungsdruck, der uns heute ab der Schule begleitet. Man hätte die Freiheit selbst zu entscheiden, ob man arbeiten will und unter welchen Bedingungen. In einer von Wettbewerb geprägten Gesellschaft, profitiert jeder auf Kosten anderer um sich seine Existenz zu sichern; auch dieses Prinzip würde ein Grundeinkommen aushebeln. Die Folge wäre mehr Solidarität. Heute ist Arbeit ein Druckmittel, das Macht bedeutet; Macht der Politik und Macht der Wirtschaft. Wer heute am gesellschaftlichen Reichtum teilhaben will, muss sich den geltenden Herrschaftsstrukturen unterwerfen. Ein Grundeinkommen würde Hierarchien schwächen. Damit verbunden würde die Wirtschaft wieder in ihre ursprüngliche Aufgabe zurückgeführt: „Sie ist ein Teilbereich unseres Lebens um gesellschaftliches Leben zu ermöglichen."[37] Die Struktur unseres Lebens würde sich also ändern. Mehr Menschen würden nur noch in Teilzeit arbeiten. Die Angst, dass zu wenige Menschen ohne den Druck der Bezahlung noch genug Arbeitsmotivation aufbringen würden, ist meines Erachtens unbegründet. Denn bei Arbeit geht es nicht nur um das Einkommen, „es geht auch immer um soziale Begegnungen, um Respekt, Aner-

---

[36] Werner, Goehler, 2011, S.143

[37] Häni, Schmidt, 2008

13

kennung, Status und darum, seinem Leben eine Struktur und einen Sinn zu verlei-
hen"[38] Diese Einschätzung unterstützen Umfragen. Auf die Frage, ob im Falle eines
garantierten Grundeinkommens man selbst noch arbeiten gehen würde, antworteten
60 % der Befragten mit „Ja", 30 % gaben an, in Teilzeit zu arbeiten oder einer anderen
Erwerbsarbeit nachzugehen und lediglich 10% würden vorerst aufhören für ein Entgelt
zu arbeiten.[39] Dieselben Leute gaben nun danach befragt an, dass nach ihrer Einschätzung 80 % der Arbeitnehmer aufhören würden zu arbeiten, sollte ein Grundeinkommen eingeführt werden.[40] Diese Zahlen beweisen, dass unangebrachtes Misstrau-
en der Grund für derartige oft angeführte Argumente ist. Weitere Zahlen zeigen, welche großartigen Perspektiven ein Grundeinkommen für unsere Gesellschaft eröffnet.
Schon heute engagiert sich jeder dritte Deutsche in einem Ehrenamt und die Zahl der
Nichtregierungsorganisationen ist weltweit in den letzten 30 Jahren von rund 4450 auf
7728 gestiegen.[41] Ein Trend, der sich durch ein Grundeinkommen noch verstärken
könnte. Denn ab sofort hätten die Menschen mehr Zeit. Zeit, in der sie sich die Sinn-
frage neu stellen müssen. Statt lediglich funktionierender Teil eines wirtschaftlichen
Systems zu sein, könnten wir unsere Lebensgestaltung wieder selbst in die Hand
nehmen. Jeder müsste sich fragen: Was will ich tun? Und jeder würde andere Antworten finden. Kreativität und Vielfalt in unserer Gesellschaft würden steigen. „Jemand
möchte Bilder malen, Musik machen, ein Buch schreiben, als Erfinder selbstständig
sein, Forschungen betreiben, die niemand finanzieren will. Mit einem Grundeinkommen
kann sie das versuchen und wird wirtschaftlich überleben, auch wenn der Erfolg auf
sich warten lässt."[42] Künstler zum Beispiel könnten sich Zeit für ihr Kunstwerk lassen
und ständen nicht mehr unter dem Zwang ein verkaufsfähiges Produkt herzustellen.
Bei einer solchen Entwicklung der Gesellschaft wäre die Angst vor weiterem Wachstum und Emigration von Eckhard Stratmann-Mertens zu widerlegen. Ein Grundeinkommen würde den Menschen auch die Möglichkeit zur Teilhabe schenken. Eine De-
mokratisierung der Gesellschaft und der Wirtschaft wäre die Folge, sie wäre die Voraussetzung um nachhaltiger zu wirtschaften. Erst ohne Arbeitszwang, mit Existenzsicherung, beginnt man verantwortungsvoller zu konsumieren. Verantwortung, die heute
häufig auf den Schultern der Unternehmensführungen lastet, würde mit einem Grundeinkommen auf das Individuum zurückgeführt werden. Auch der Status eines Menschen in der Gesellschaft würde wohl nicht mehr so sehr materiell geprägt sein, eine
weitere Voraussetzung um nachhaltig zu konsumieren. Das Grundeinkommen öffnet

[38] Werner, Goehler, 2011, S.76
[39] Häni, Schmidt, 2008
[40] Häni, Schmidt, 2008
[41] Werner, Goehler, 2011, S.110
[42] Rätz, Paternoga, Steinbach, 2005, S. 63

weitere Türen. „Nur wer weiß, woher Einkommen und materielle Sicherheit für ihn/sie selbst zukünftig kommen sollen, wird bereit sein, sich auf das Experiment einer Wirtschaftsschrumpfung einzulassen."[43] Außerdem könnte eine umweltfreundliche öffentliche Infrastruktur mit einem Grundeinkommen ausgebaut werden. Das alles sind Aspekte des Grundeinkommens, die ein nachhaltigeres Wirtschaften unterstützen. Generell muss die Wachstumsfrage allerdings getrennt vom Grundeinkommen betrachtet werden. Jegliche Umverteilung des gesellschaftlichen Vermögens von oben nach unten könnte durch das Wachstumsargument zunichte gemacht werden. Steigender Konsum der ärmeren Menschen ist also wünschenswert, wie sonst sollte Armut bekämpft werden? Eine separate Problemlösung muss auch im Bereich der Immigration und der globalen Gerechtigkeit gefunden werden. Ein Grundeinkommen könnte dabei also ein wichtiger Baustein beim Ausbau der globalen Gerechtigkeit sein.

Betrachtet man die eben angeführten möglichen positiven Veränderungen der Gesellschaft und des Menschen, sollte das Grundeinkommen als große Chance für die Zukunft verstanden werden. Die Chance eine Gesellschaft zu schaffen, die dem modernen Bedarf an Arbeit gerecht wird und die Priorität auf Sinn und nicht mehr auf Masse der Produktion legt. Es ist an der Zeit unser Menschenbild zu überdenken. „Was also ist der Mensch, eine auf ihren Vorteil bedachte Egoistin, die klare Rahmenbedingungen braucht, um zur Gesellschaft fähig zu sein? Dann wäre eine sehr niedrige und repressiv gewährte Grundsicherung ein taugliches Mittel. Oder ist sie ein soziales Wesen, das nur darauf wartet, sich in die Gemeinschaft einzubringen?"[44] In diesem Falle wäre ein hohes Grundeinkommen angemessen. Rechte gäbe es nicht mehr nur noch gegen Pflichten. Die Einführung eines Grundeinkommens wäre eine tiefgreifende Veränderung. Diese müsste allerdings schrittweise erfolgen, wie auch Werner vorschlägt, denn Verantwortung muss erst erlernt werden. Der Mensch ist Wert an sich, ohne erst Wert schaffen zu müssen. Das sollten wir denken lernen. Und um diese Facharbeit zu beschließen, möchte ich Albert Einstein zitieren: „Wir können nicht die Probleme mit dem Denken lösen , das sie hervorgebracht hat"[45] Es ist an der Zeit neue Ideen zu denken. Ideen, wie die des Grundeinkommens.

---

[43] Rätz, 2011, S.1

[44] Rätz, Paternoga, Steinbach, 2005, S.73

[45] Werner, Goehler, 2011, S.14

Literatur- und Quellenverzeichnis

Sachbücher und Aufsätze:

Blaschke, R./Otto, A./Schepers, N. (Hrsg.), Grundeinkommen. Geschichte – Modelle – Debatten, Berlin, 2010

Blaschke, Ronald: Übersicht Grundeinkommen und Grundsicherungen – Modelle und Ansätze in Deutschland, Mai 2011, http://www.grundeinkommen.de/content/uploads/2011/06/blaschke_tabelle_modelle_gr undeinkommen_1105.pdf, Zugriff: 08.02.12

Blüm, Norbert „Wahnsinn mit Methode", 2007, http://www.zeit.de/2007/17/Grundeinkommen/ Zugriff: 25.02.12

Floren, Franz Josef (Hrsg.) : Politik Gesellschaft Wirtschaft Band 2, Schöningh, Paderborn, 2011

Krämer, Ralf „BGE, Nee", 2010 http://www.ralfkraemer.de/themen/grundeinkommen , Zugriff: 25.02.2012

Langenberg, Heike „Lohn, der nicht zum Leben reicht" , ver.di Publik 01, Berlin, 2012

Ohne Autorangabe: „Bsirske gegen Grundeinkommen für jeden", DAPD, 2009 http://www.epochtimes.de/202009_bsirske-gegen-grundeinkommen-fuer-jeden.html , Zugriff: 25.02.12

Ohne Autorangabe: DGB-Index Gute Arbeit Der Report 2010, DGB Index Gute Arbeit GmBH, Berlin, 2010

Ohne Autorangabe : „Grundeinkommens-Modellvergleich" http://www.youtube.com/watch?v=Yle-vAgTJWQ&feature=related , Zugriff: 17.02.12

Poth, Robert: „Grundeinkommen – Geldillusion, Inflation, Wachstum" , 21.10.05 http://rpoth.at/serendipity/index.php?/archives/79-Grundeinkommen-Geldillusion,-Inflation,-Wachstum.html Zugriff: 23.02.12

Rätz, Werner „Wachstumskritik und Grundeinkommen" Attac AG Genug für alle, 2011 , http://www.grundeinkommen-attac.de/arbeitsthemen/wachstumskritik-und-sozialabbau/?L=2 , Zugriff: 12.02.12

Rätz, Werner; Paternoga, Dagmar; Steinbach, Werner (2005): Grundeinkommen: bedingungslos, Hamburg, 2005 (AttacBasisTexte 17)

Stratmann-Mertens, Eckhard : Bedingungsloses Grundeinkommen von 1000 €: Wachstumsmotor und Verstoß gegen ökologische Gerechtigkeit , 30.1.2011, (Attac AG Genug für alle) , http://www.grundeinkommen-attac.de/arbeitsthemen/wachstumskritik-und-sozialabbau/?L=2 , Zugriff: 12.02.12

Wauer, Hartmut : „Für eine neue Politik der Arbeit" http://www.gewerkschafterdialog-grundeinkommen.de/ Zugriff: 12.02.12

Werner, Götz ; Goehler, Adrienne, 1000 € für Jeden , ullstein, 1.Auflage, Berlin, 2011

Werner, Götz: „Prinzip" und „Fragen und Antworten" , http://www.unternimm-die-zukunft.de/de/zum-grundeinkommen/fragen-und-antworten/ , http://www.unternimm-die-zukunft.de/de/zum-grundeinkommen/kurz-gefasst/, Zugriff: 12.02.12

Wetzel, Detlef „Arbeit auf Abwegen", IG Metall, Beilage in der Süddeutschen Zeitung, 17.02.12

Wikipedia: „Bedingungsloses Grundeinkommen" http://de.wikipedia.org/wiki/Bedingungsloses_Grundeinkommen , Zugriff:12.02.12

Lexikon und Film:

Der Brockhaus in 15 Bänden, die große Enzyklopädie, Band 1, Artikel Arbeit und Armut, Leipzig-Mannheim, 1997

Häni, Daniel ; Schmidt, Enno: Grundeinkommen, ein Film-Essay , Initiative Grundeinkommen Schweiz, Suisa, 2008